AF189335

Impressum
Verlag: BABADADA GmbH, Nedderfeld 112 , 22529 Hamburg
Geschäftsführer / Verlagsleitung: Harald Hof
Druck: Books on Demand GmbH, In de Tarpen 42, 22848 Norderstedt

Imprint
Publisher: BABADADA GmbH, Nedderfeld 112 , 22529 Hamburg, Germany
Managing Director / Publishing direction: Harald Hof
Print: Books on Demand GmbH, In de Tarpen 42, 22848 Norderstedt, Germany

Szkoła
škola

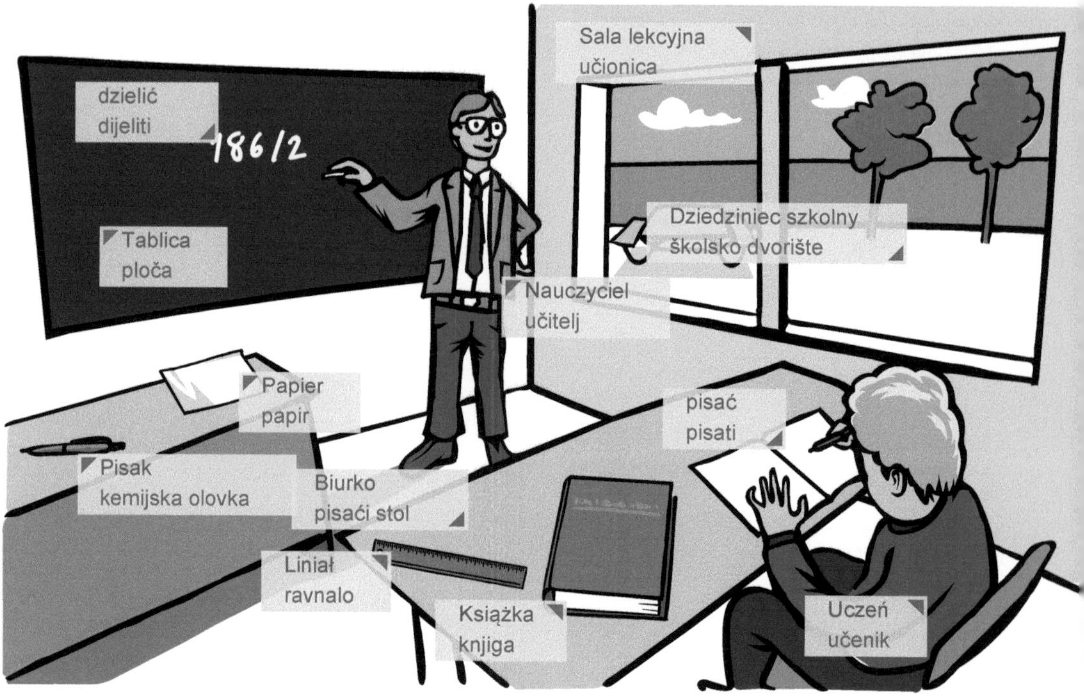
Sala lekcyjna
učionica
dzielić
dijeliti
186/2
Tablica
ploča
Dziedziniec szkolny
školsko dvorište
Nauczyciel
učitelj
Papier
papir
pisać
pisati
Pisak
kemijska olovka
Biurko
pisaći stol
Liniał
ravnalo
Książka
knjiga
Uczeń
učenik

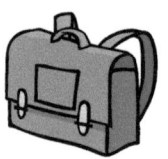

Plecak szkolny

torba

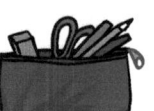

Piórnik

pernica

Ołówek

grafitna olovka

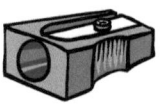

Temperówka

šiljilo za olovke

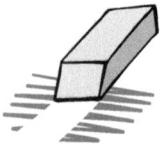

Gumka do mazania

gumica za brisanje

Blok rysunkowy

blok za crtanje

Rysunek
....
crtež

Pędzel
....
kist

Pudełko z akwarelami
....
kutija s bojama

Nożyce
....
makaze

Klej
....
ljepilo

Książka do ćwiczenia
....
bilježnica

Zadanie domowe
....
domaći zadatak

12

Liczba
....
broj

2+2

dodawać
....
sabirati

5-2

odejmować
....
oduzimati

2×2

mnożyć
....
množiti

liczyć
....
računati

A

Litera
....
slovo

ABCDEFG
HIJKLMN
OPQRSTU
VWXYZ

Alfabet
....
abeceda

Słowo
....
riječ

Tekst

tekst

czytać

čitati

Kreda

kreda

Godzina

sat

Dziennik lekcyjny

dnevnik

Egzamin

ispit

Świadectwo

svjedodžba

Mundurek szkolny

školska uniforma

Wykształcenie

obrazovanje

Leksykon

leksikon

Uniwersytet

sveučilište

Mikroskop

mikroskop

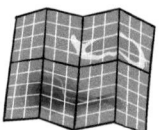

Mapa

karta

Kosz na odpadki

košara za papir

Podróż
putovanje

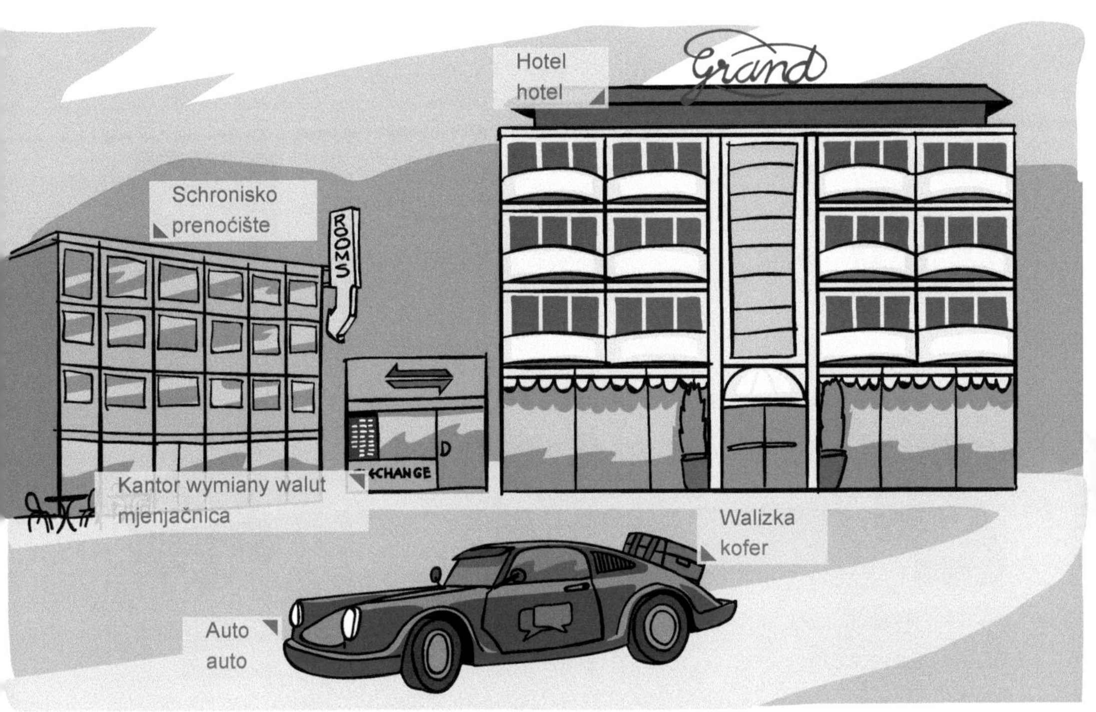
Hotel
hotel
Grand
Schronisko
prenoćište
ROOMS
Kantor wymiany walut
mjenjačnica
Walizka
kofer
Auto
auto

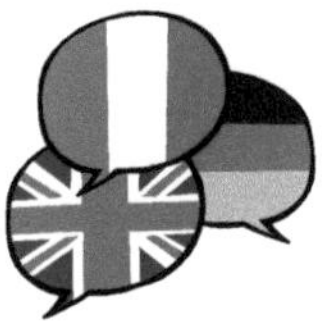

Język

jezik

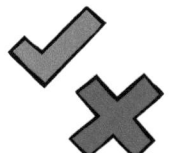

tak / nie

da / ne

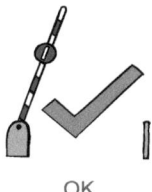

OK

okay

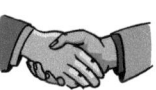

Halo

zdravo

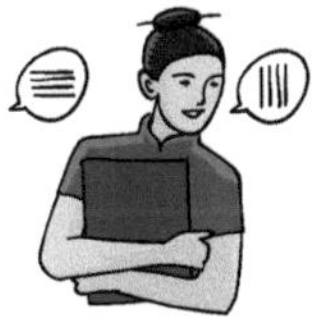

Tłumacz

prevoditelj

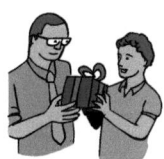

Dziękuję

hvala

Ile kosztuje ...?

Koliko košta...?

Nie rozumiem

ne razumijem

Problem

problem

Dobry wieczór!

dobro veče!

Dzień dobry!

Dobro jutro!

Dobranoc!

Laku noć!

Do widzenia

doviđenja

Kierunek

smjer

Bagaż

prtljaga

Torba

torba

Plecak

ruksak

Gość

gost

Pokój

soba

Śpiwór

vreća za spavanje

Namiot

šator

Informacja turystyczna

turističke informacije

Plaża

plaža

Karta kredytowa

kreditna kartica

Śniadanie

doručak

Obiad

ručak

Kolacja

večera

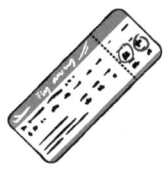

Bilet

karta za vožnju

Winda

dizalo

Znaczek na list

poštanska markica

Granica

granica

Cło

carina

Ambasada

ambasada

Wiza

viza

Paszport

putovnica

Transport
transport

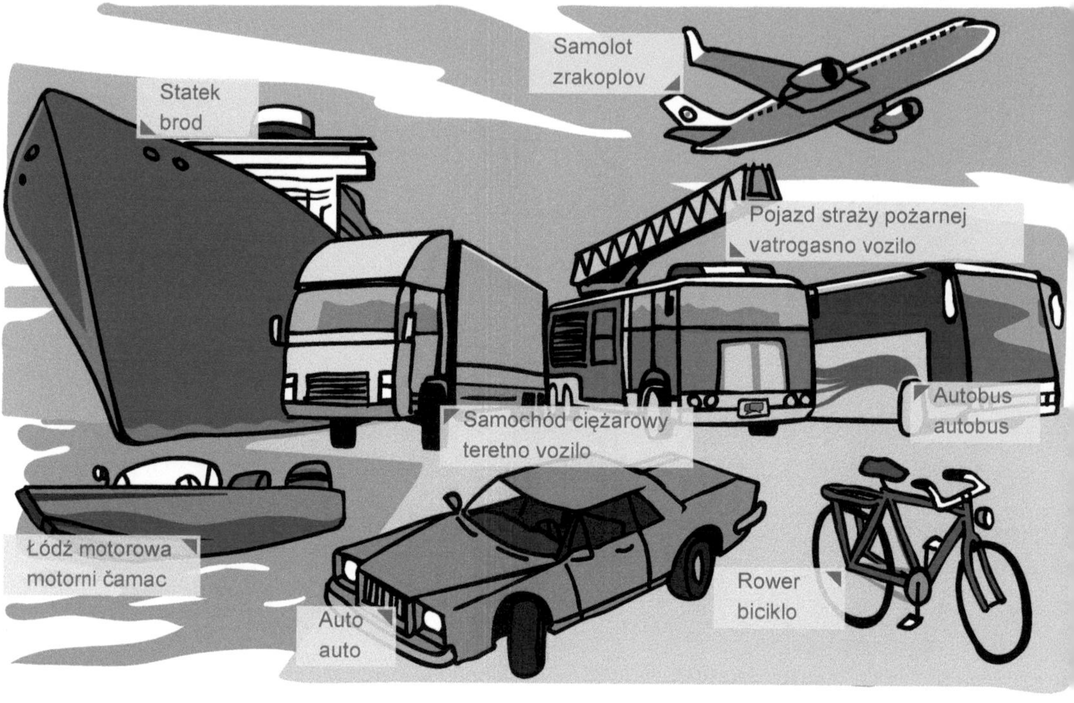

Samolot
zrakoplov
Statek
brod
Pojazd straży pożarnej
vatrogasno vozilo
Samochód ciężarowy
teretno vozilo
Autobus
autobus
Łódź motorowa
motorni čamac
Rower
biciklo
Auto
auto

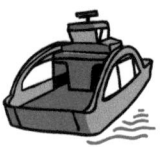

Prom

trajekt

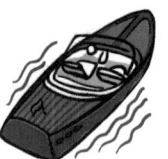

Łódź

čamac

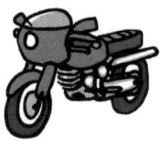

Motocykl

motocikl

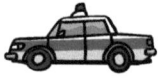

Radiowóz policyjny

policijski auto

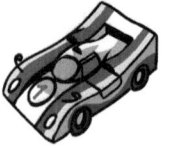

Samochód wyścigowy

trkaći auto

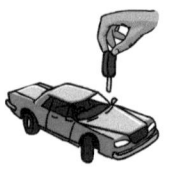

Samochód wypożyczony

iznajmljeno auto

Wspólne przejazdy
samochodem
dijeljenje automobila

Samochód pomocy
drogowej
vučno vozilo

Śmieciarka
....
vozilo za odvoz smeća

Silnik
....
motor

Benzyna
....
benzin

Stacja benzynowa
....
benzinska postaja

Znak drogowy
....
prometni znak

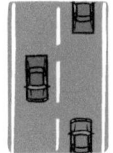

Ruch
....
promet

Korek
....
zastoj

Parking
....
parkiralište

Dworzec
....
kolodvor

Szyny
....
šine

Pociąg
....
vlak

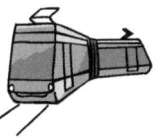

Tramwaj
....
tramvaj

Wagon
....
vagon

Helikopter

helikopter

Lotnisko

zrakoplovna luka

Wieża

toranj

Pasażer

putnik

Kontener

kontejner

Karton

karton

Taczka

kolica

Kosz

košara

startować / lądować

uzletjeti / sletjeti

Miasto

grad

Wieś

selo

Centrum miasta

centar grada

Dom

kuća

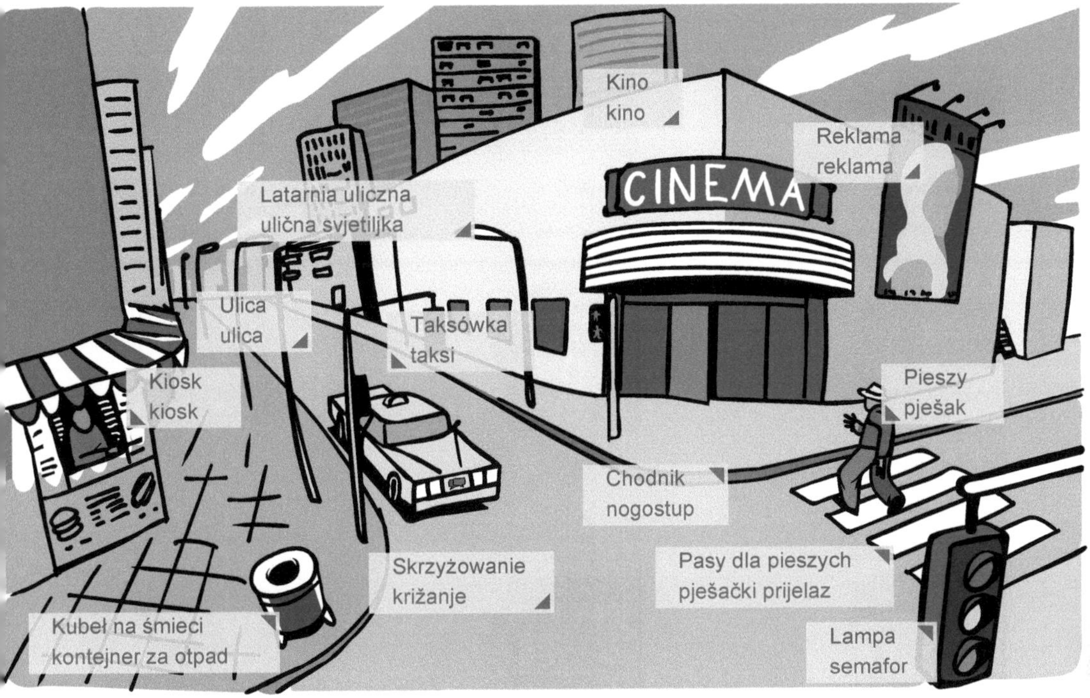

Kino
kino

Reklama
reklama

CINEMA

Latarnia uliczna
ulična svjetiljka

Ulica
ulica

Taksówka
taksi

Pieszy
pješak

Kiosk
kiosk

Chodnik
nogostup

Skrzyżowanie
križanje

Pasy dla pieszych
pješački prijelaz

Kubeł na śmieci
kontejner za otpad

Lampa
semafor

Chata
....
koliba

Mieszkanie
....
stan

Dworzec
....
kolodvor

Ratusz
....
vijećnica

Muzeum
....
muzej

Szkoła
....
škola

Uniwersytet

sveučilište

Bank

banka

Szpital

bolnica

Hotel

hotel

Apteka

ljekarna

Biuro

ured

Księgarnia

knjižara

Sklep

prodavaonica

Kwiaciarnia

cvjećara

Supermarket

supermarket

Rynek

trg

Dom towarowy

robna kuća

Sklep z rybami

ribarnica

Centrum handlowe

trgovački centar

Port

luka

Park
park

Ławka
klupa

Most
most

Schody
stepenice

Metro
podzemna željeznica

Tunel
tunel

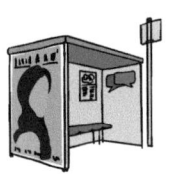

Przystanek autobusowy
autobusna stanica

Bar
bar

Restauracja
restoran

Skrzynka na listy
poštansko sanduče

Tabliczka z nazwą ulicy
ulični znak

Parkometr
parkirni sat

Zoo
zoološki vrt

Łaźnia
bazen

Meczet
džamija

Gospodarstwo chłopskie

seosko gazdinstvo

Zanieczyszczenie środowiska

zagađenje okoliša

Cmentarz

groblje

Kościół

crkva

Plac zabaw

igralište

Świątynia

hram

Krajobraz
krajolik

Liść
list

Drogowskaz
putokaz

Droga
put

Łąka
livada

Kamień
kamen

Drzewo
drvo

Wędrowiec
šetač

Rzeka
rijeka

Trawa
trava

Kwiat
cvijet

Dolina	Góra	Jezioro
dolina	planina	jezero
	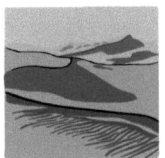	
Las	Pustynia	Wulkan
šuma	pustinja	vulkan

Zamek	Tęcza	Grzyb
dvorac	duga	gljiva

Palma	Komar	Mucha
palma	moskito	muha

Mrówka	Pszczoła	Pająk
mrav	pčela	pauk

Chrząszcz

buba

Żaba

żaba

Wiewiórka

vjeverica

Jeż

jež

Zając

zec

Sowa

sova

Ptak

ptica

Łabędź

labud

Dzik

divlja svinja

Jeleń

jelen

Łoś

los

Tama

nasip

Wiatrak

vjetrenjača

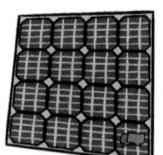

Moduł solarny

solarna ploča

Klimat

klima

Restauracja
restoran

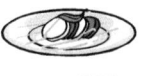

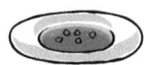

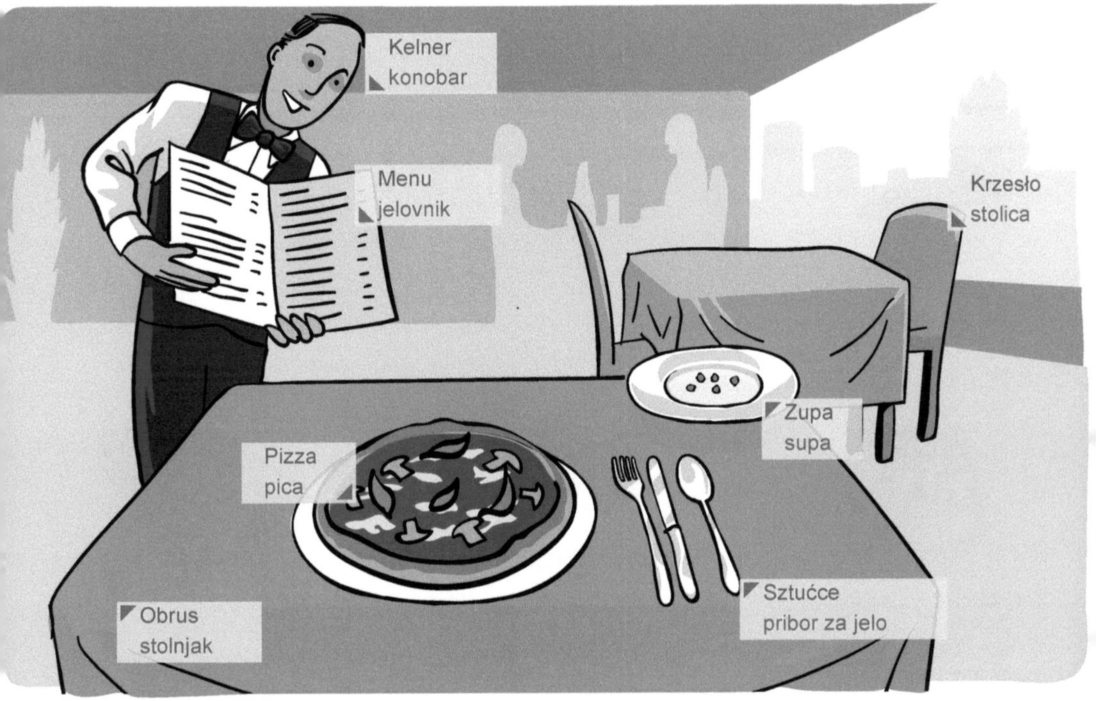
Kelner
konobar
Menu
jelovnik
Krzesło
stolica
Zupa
supa
Pizza
pica
Obrus
stolnjak
Sztućce
pribor za jelo

Przystawka

predjelo

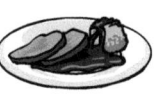

Danie główne

glavno jelo

Deser

desert

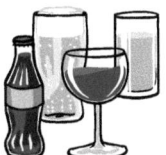

Napoje

napitci

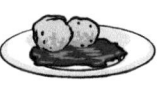

Jedzenie

jelo

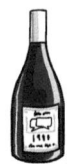

Butelka

boca

Fastfood

fastfood

Streetfood

imbis hrana

Dzbanek na herbatę

čajnik

Cukierniczka

doza za šećer

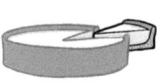

Porcja

porcija

Zaparzarka do espresso

aparat za espresso

Krzesło dla dziecka

visoka stolica

Rachunek

račun

Taca

pladanj

Noż

nož

Widelec

vilica

Łyżka

žlica

Łyżeczka

čajna žlica

Serwetka

ubrus

Szklanka

čaša

Talerz

tanjur

Talerz do zupy

tanjur za supu

Podstawek pod filiżankę

tanjurić

Sos

sos

Solniczka

soljenka

Młynek do pieprzu

mlin za biber

Ocet

ocat

Olej

ulje

Przyprawy

začini

Keczup

kečap

Musztarda

senf

Majonez

majoneza

Supermarket
supermarket

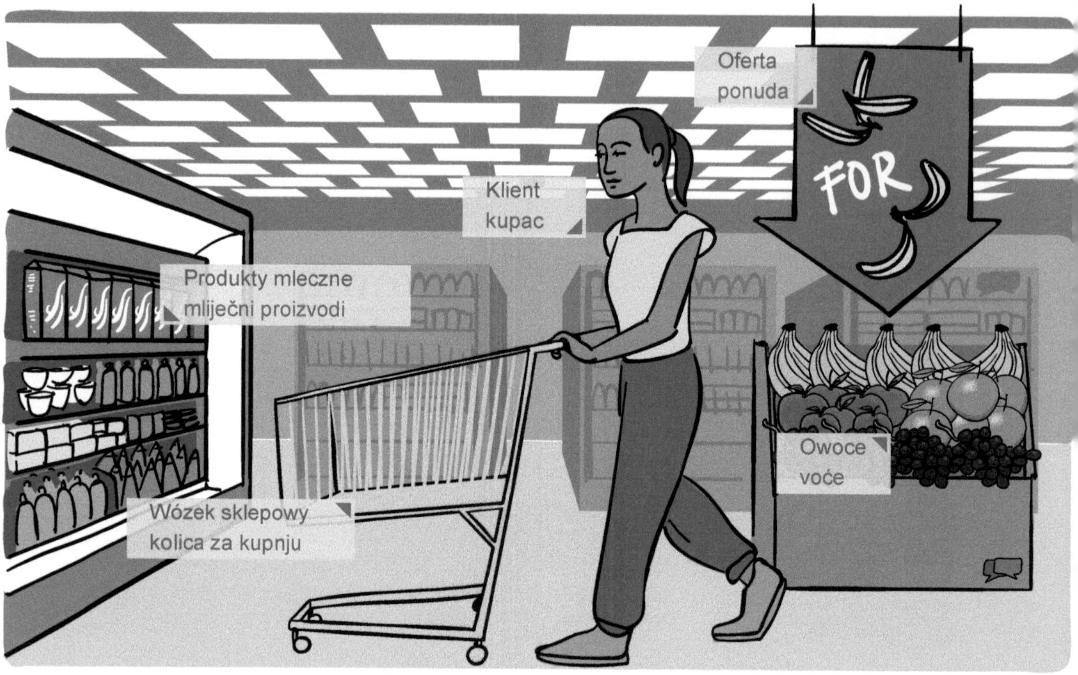

Oferta
ponuda
Klient
kupac
Produkty mleczne
mliječni proizvodi
Owoce
voće
Wózek sklepowy
kolica za kupnju
FOR

BUTCHERS

Rzeźnia

mesnica

BAKERY

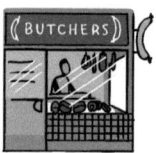

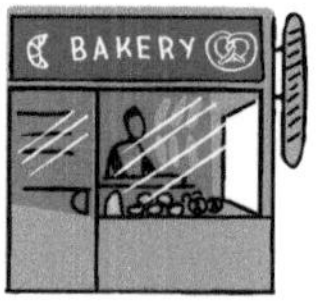

Piekarnia

pekarnica

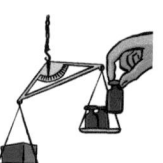

ważyć

vagati

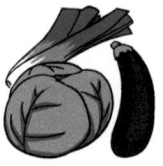

Warzywa

povrće

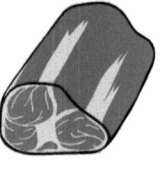

Mięso

meso

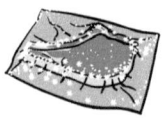

Mrożonki

duboko smrznuta hrana

Wędliny

narezak

Konserwy

konzerve

Proszek m do prania

sredstvo za pranje

Słodycze

slatkiši

Artykuły użytku domowego

artikli za domaćinstvo

Środek czyszczący

sredstva za čišćenje

Sprzedawczyni

prodavačica

Kasa

blagajna

Kasjer

blagajnik

Lista zakupów

lista za kupnju

Godziny otwarcia

vrijeme rada

Portfel

novčanik

Karta kredytowa

kreditna kartica

Torba

torba

Torebka plastikowa

plastična vrećica

Woda

voda

Sok

sok

Mleko

mlijeko

Cola

cola

Wino

vino

Piwo

pivo

Alkohol

alkohol

Kakao

kakao

Herbata

čaj

Kawa

kava

Espresso

espresso

Cappuccino

cappuccino

Banan

banana

Jabłko

jabuka

Pomarańcza

naranča

Arbuz

lubenica

Cytryna

limun

Marchew

mrkva

Czosnek

češnjak

Bambus

bambus

Cebula

luk

Grzyb

gljiva

Orzechy

orašasti plodovi

Makaron

rezanci

Spaghetti

špagete

Ryż

riža

Sałatka

salata

Frytki

pomfrit

Ziemniaki pieczone

pečeni krumpir

Pizza

pica

Hamburger

hamburger

Kanapka

sendvič

Sznycel

šnicla

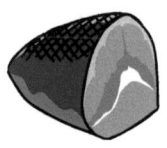

Szynka

pršut

Salami

salama

Kiełbasa

kobasica

Kura

kokoš

Pieczeń

pečenje

Ryba

riba

Płatki owsiane

zobene pahuljice

Musli

musli

Płatki kukurydziane

kukuruzne pahuljice

Mąka

brašno

Croissant

roščić

Bułka

pecivo

Chleb

kruh

Toast

toast

Ciastka

keksi

Masło

maslac

Twarożek

svježi sir

Ciasto

kolač

Jajko

jaje

Jajko sadzone

jaje na oko

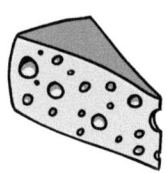

Ser

sir

Lody

sladoled

Cukier

šećer

Miód

med

Marmolada

marmelada

Krem nugatowy

nugat krema

Curry

curry

Gospodarstwo chłopskie
seosko gazdinstvo

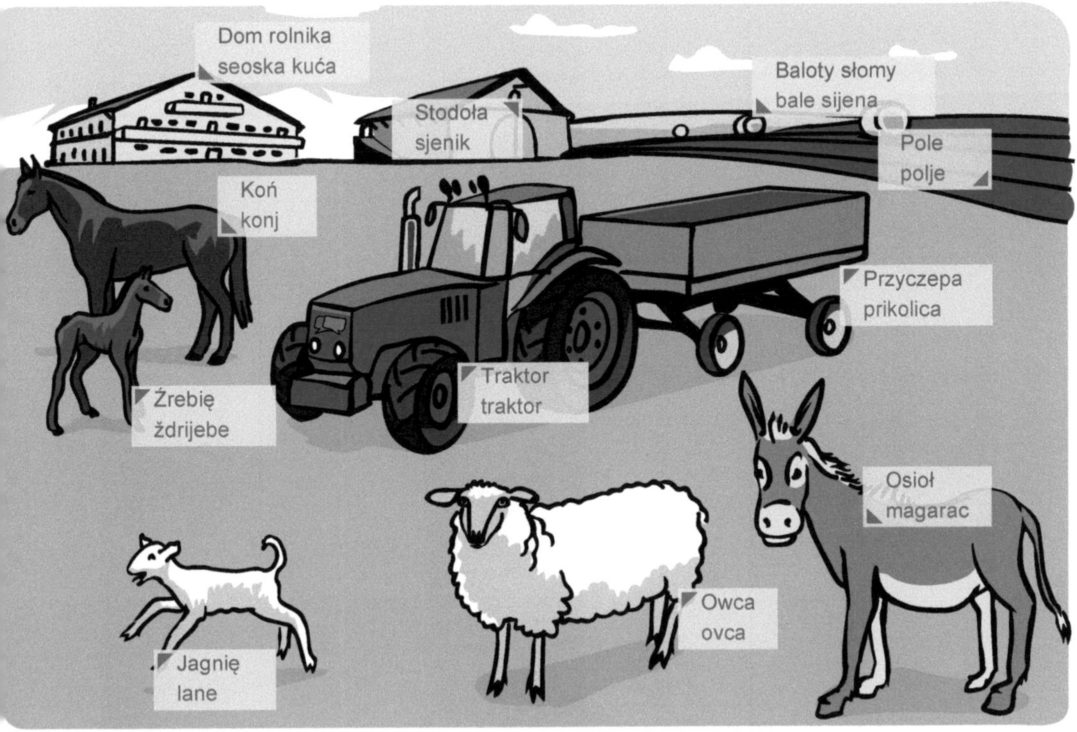
Dom rolnika
seoska kuća
Stodoła
sjenik
Baloty słomy
bale sijena
Pole
polje
Koń
konj
Przyczepa
prikolica
Traktor
traktor
Źrebię
ždrijebe
Osioł
magarac
Owca
ovca
Jagnię
lane

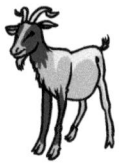

Koza
koza

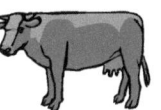

Krowa
krava

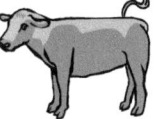

Cielę
tele

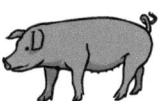

Świnia
svinja

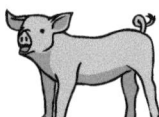

Prosię
prase

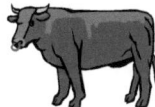

Byk
bik

Gęś

guska

Kaczka

patka

Kurczątko

pilići

Kura

kokoš

Kogut

pijetao

Szczur

pacov

Kot

mačka

Mysz

miš

Osioł

vol

Pies

pas

Buda dla psa

kućica za psa

Wąż ogrodowy

vrtno crijevo

Konewka

kanta za polijevanje

Kosa

kosa

Pług

plug

Sierp

srp

Graca

motika

Widły

vilica za gnojivo

Siekiera

sjekira

Taczka

tačke

Koryto

korito

Kanka na mleko

posuda za mlijeko

Worek

vreća

Płot

ograda

Stajnia

štala

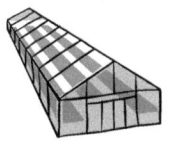

Szklarnia

staklenik

Ziemia

zemlja

Nasiona

sjeme

Nawóz

gnojivo

Kombajn zbożowy

kombajn

zbierać

żanjati

Żniwa

żetva

Podchrzyn

yams začin

Pszenica

pšenica

Soja

soja

Ziemniak

krumpir

Kukurydza

kukuruz

Rzepak

uljana repica

Drzewo owocowe

voćka

Maniok

gomolj manioke

Zboże

žitarice

Dom
kuća

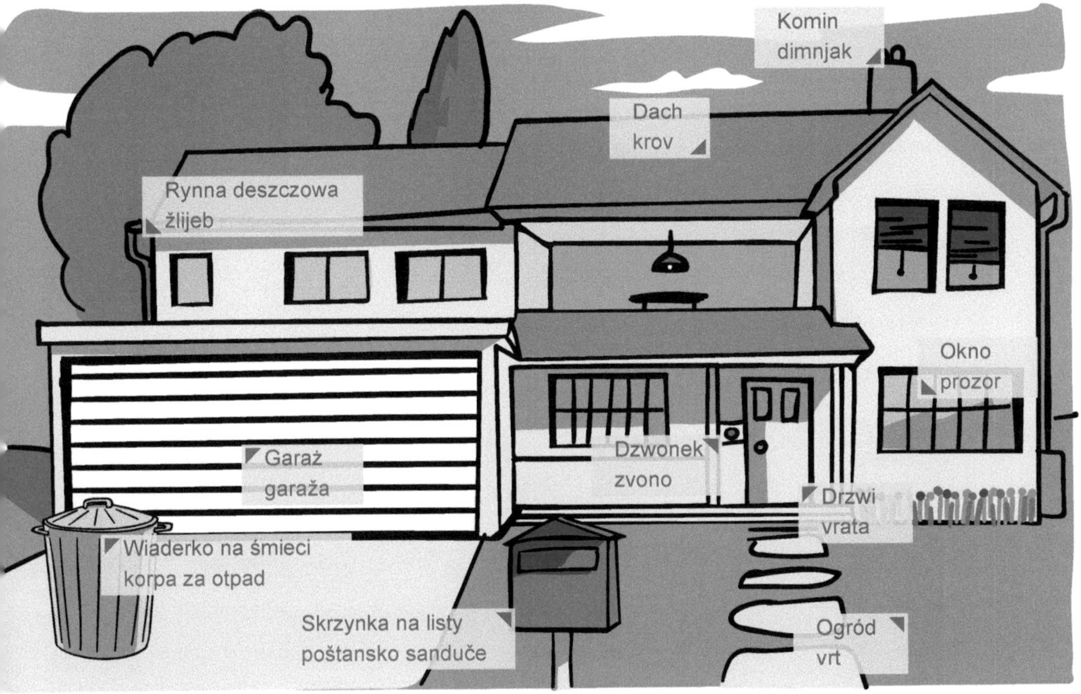
Komin
dimnjak
Dach
krov
Rynna deszczowa
žlijeb
Okno
prozor
Dzwonek
zvono
Garaż
garaža
Drzwi
vrata
Wiaderko na śmieci
korpa za otpad
Skrzynka na listy
poštansko sanduče
Ogród
vrt

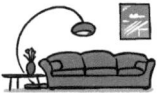

Pokój dzienny

dnevna soba

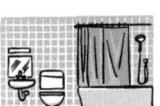

Łazienka

kupaonica

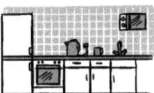

Kuchnia

kuhinja

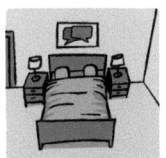

Sypialnia

spavaća soba

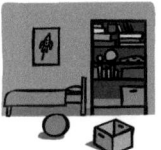

Pokój dziecięcy

dječija soba

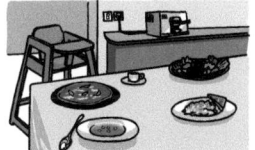

Jadalnia

trpezarija

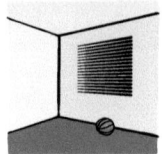

Ziemia

pod

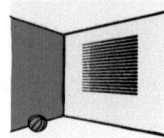

Ściana

zid

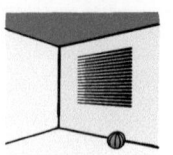

Koc

strop

Piwnica

podrum

Sauna

sauna

Balkon

balkon

Taras

terasa

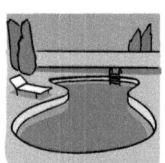

Basen

bazen

Kosiarka do trawy

kosilica za travu

Poszwa

posteljina za krevet

Kołdra

deka za krevet

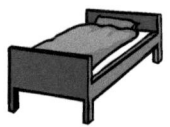

Łóżko

krevet

Miotła

metla

Wiadro

kanta

Włącznik

sklopka

Pokój dzienny
dnevna soba

Tapeta
tapeta
Obraz
slika
Lampa
svjetiljka
Regał
regal
Szafa
ormar
Telewizor
televizija
Komin
kamin
Kwiat
cvijet
Poduszka
jastuk
Kanapa
kauč
Wazon
vaza
Pilot
daljinski upravljač

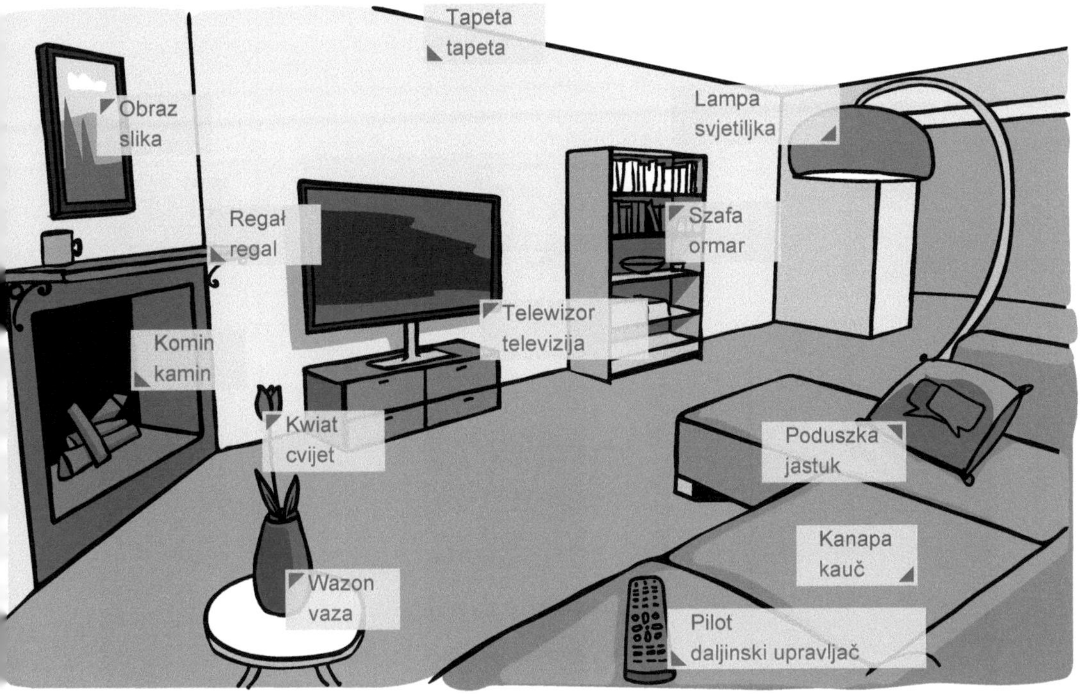

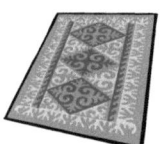

Dywan

tepih

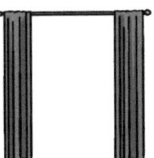

Zasłona

zavjesa

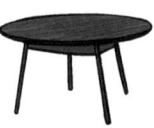

Stół

stol

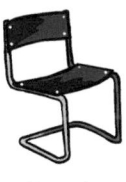

Krzesło

stolica

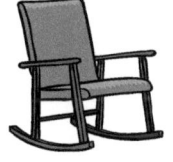

Bujak

stolica za njihanje

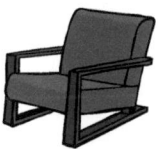

Fotel

fotelja

Książka

knjiga

Sufit

deka

Dekoracja

dekoracija

Drewno kominkowe

drvo za ogrjev

Film

film

Instalacja stereo

stereo uređaj

Klucz

ključ

Gazeta

novine

Malunek

slika na platnu

Plakat

poster

Radio

radio

Notatnik

blok za pisanje

Odkurzacz

usisavač

Kaktus

kaktus

Świeczka

svijeća

Kuchnia
kuhinja

Lodówka
hladnjak
Kuchenka mikrofalowa
mikrovalna pećnica
Waga kuchenna
kuhinjska vaga
Toster
toaster
Środek czyszczący
sredstvo za čišćenje
Piekarnik
pećnica
Przegródka zamrażalnika
pretinac za zamrzavanje
Wiaderko na śmieci
korpa za otpad
Zmywarka do naczyń
perilica za suđe

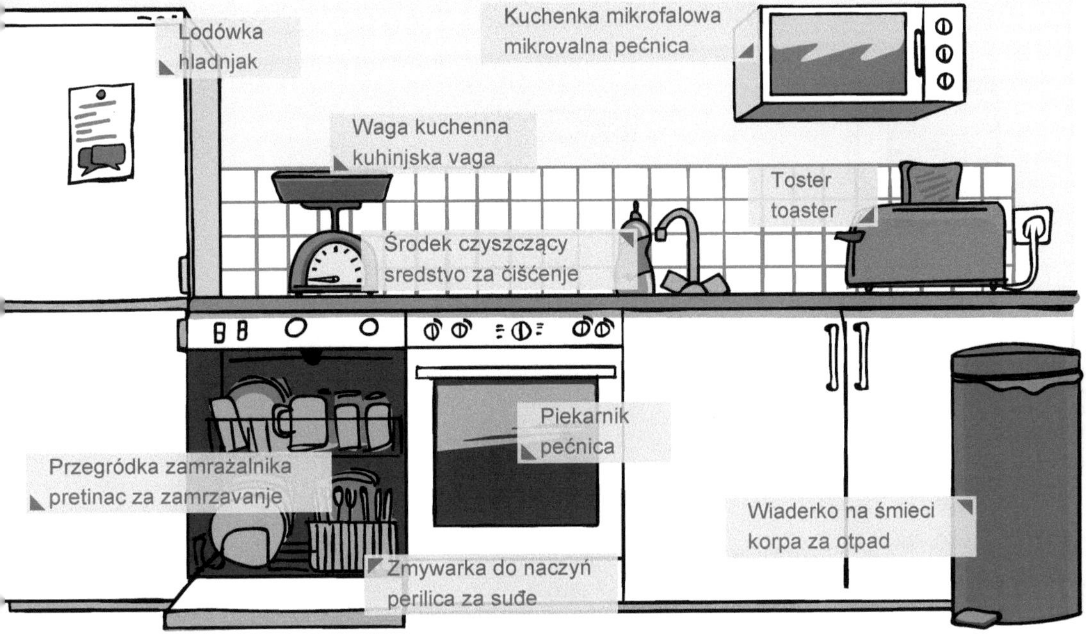

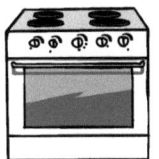

Kuchenka

štednjak

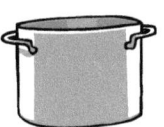

Garnek

lonac

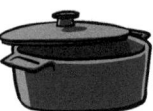

Kocioł żeliwny

željezni lonac

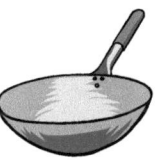

Wok / Kadai

wok / kadai

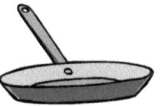

Patelnia

tava

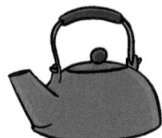

Czajnik

kuhalo za vodu

Parowar

kuhalo na paru

Blacha do pieczenia

lim za pečenje

Naczynia kuchenne

posuđe

Kubek

čaša

Miska

zdjela

Pałeczki

štapići za jelo

Nabierka

kutljača

Łopatka do smażenia

lopatica

Trzepaczka do śmietany

pjenjača

Cedzak

sito za kuhanje

Sitko

sito

Tarka

ribež

Moździerz

mużar

Grillowanie

roštilj

Palenisko

ognjište

Deska

daska

Wałek do ciasta

oklagija

Korkociąg

vadičep

Puszka

konzerva

Otwieracz do puszek

otvarač konzervi

Ściereczka do trzymania garnka

krpa za lonac

Umywalka

sudoper

Szczotka

četka

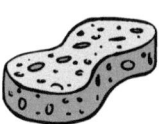

Gąbka

spužva

Mikser

mikser

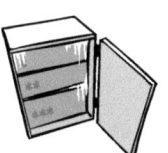

Zamrażarka

zamrzivač

Butelka dla niemowlęcia

bočica za bebe

Kran

slavina za vodu

Łazienka
kupaonica

Ogrzewanie
grijanje
Prysznic
tuš
Ręcznik
ručnik
Kotara prysznicowa
zavjesa za tuš
Płyn do kąpieli
pjenušava kupka
Wanna kąpielowa
kada
Szklanka
čaša
Pralka
perilica za rublje
Kran
slavina za vodu
Kafelki
pločice
Nocnik
dječja kahlica
Umywalka
sudoper

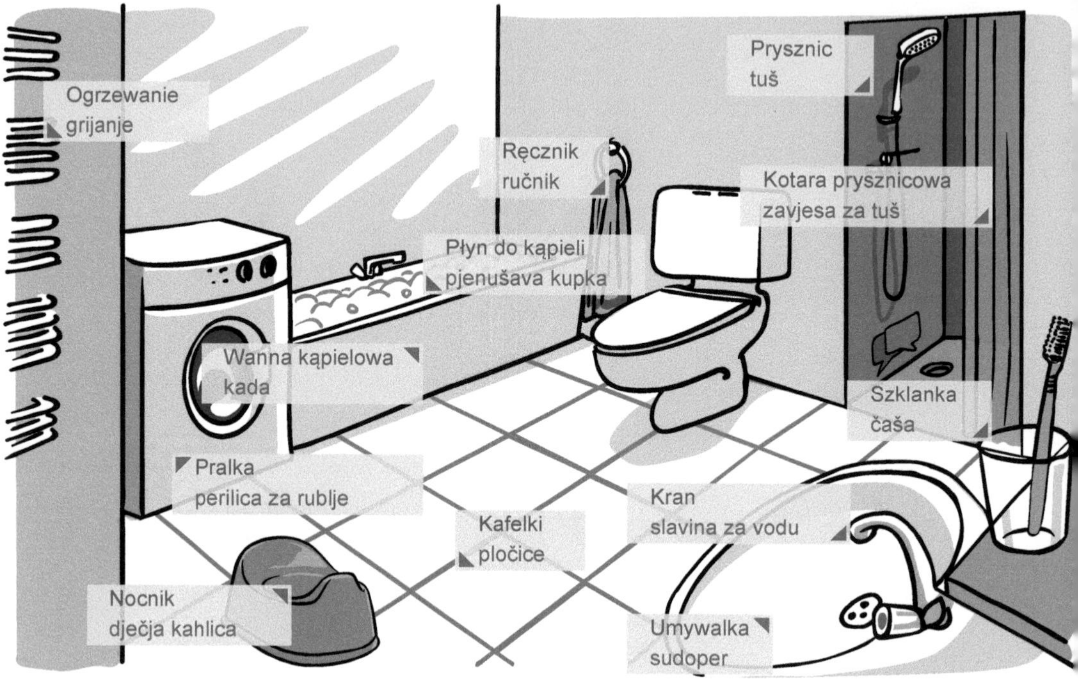

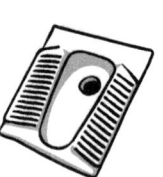

Toaleta

toalet

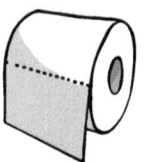

Toaleta kuczna

čučavac

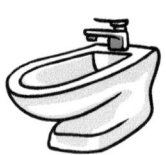

Bidet

bidet

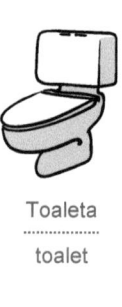

Pisuar

pisoar

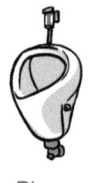

Papier toaletowy

papir za toalet

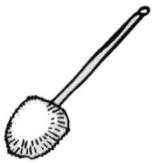

Szczotka toaletowa

četka za toalet

Szczoteczka do zębów

četkica za zube

Pasta do zębów

pasta za zube

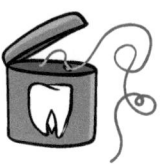

Nitki do czyszczenia zębów

konac za zube

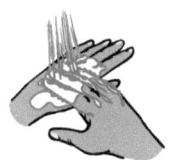

myć

prati

Głowica prysznicowa

tuš ručica

Płyn kąpielowy do higieny intymnej

tuš za pranje intimnih dijelova

Miska do mycia

lavor

Szczotka kąpielowa

četka za pranje leđa

Mydło

sapun

Żel prysznicowy

gel za tuširanje

Szampon

šampon

Rękawica kąpielowa

krpa za pranje

Odpływ

odvod

Krem

krema

Dezodorant

dezodorans

Lustro

ogledalo

Lustro kosmetyczne

kozmetičko ogledalo

Golarka

brijač

Pianka do golenia

pjena za brijanje

Woda po goleniu

losion za poslije brijanja

Grzebień

češalj

Szczotka

četka

Suszarka do włosów

sušilo za kosu

Spray do włosów

sprej za kosu

Makijaż

makeup

Pomadka

ruž za usne

Lakier do paznokci

lak za nokte

Wata

vata

Nożyczki do paznokci

škare za nokte

Perfum

parfem

Kosmetyczka

neseser

Taboret

stolica

Waga

vaga

Szlafrok kąpielowy

ogrtač

Rękawice gumowe

rukavice za čišćenje

Tampon

tampon

Podpaska damska

uložak

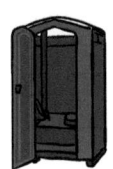

Toaleta chemiczna

kemijski toalet

Pokój dziecięcy

dječija soba

Budzik
budilnik
Pluszowa przytulanka
plišana igračka
Samochodzik
auto igračka
Grzechotka
zvečka
Domek dla lalek
kućica za lutke
Prezent
poklon

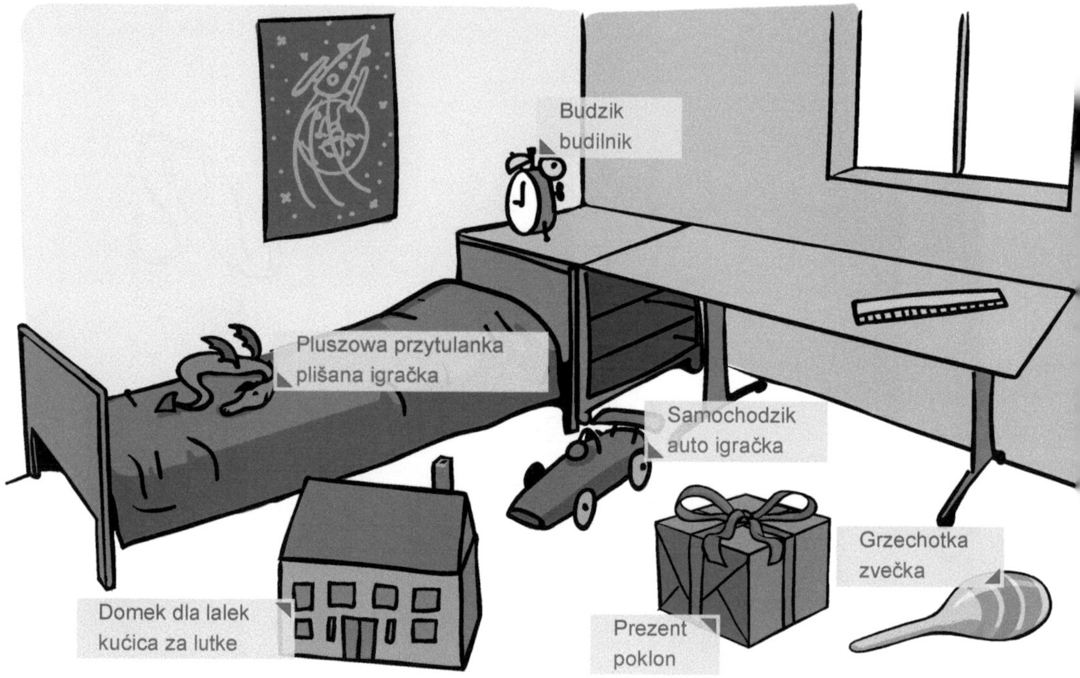

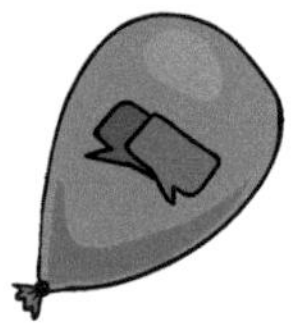

Balon

balon

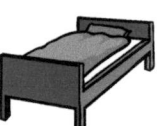

Łóżko

krevet

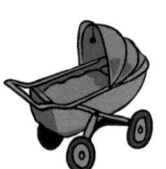

Wózek dziecięcy

dječija kolica

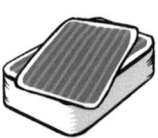

Gra w karty

igra s kartama

Puzzle

slagalica

SUPER
MEGA

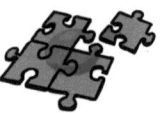

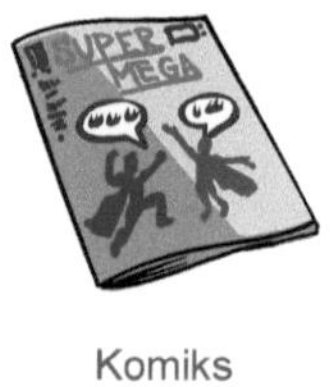

Komiks

strip

Klocki lego

lego kockice

Klocki

kockice za slaganje

Action figura

akcioni junak

Śpioszek dziecięcy

kombinezon za bebe

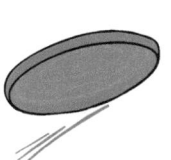

Frisbee

frizbi

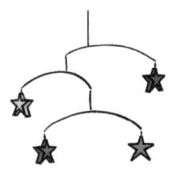

Zabawki ruchome

viseće igračke

Gra planszowa

društvene igre

Kości

kocka

Kolejka elektryczna

minijaturna željeznica

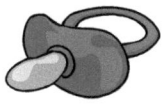

Smoczek

duda

Przyjęcie

tulum

Książka z ilustracjami

slikovnica

Piłka

lopta

Lalka

lutka

bawić się

igrati

Piaskownica

pješčanik

Huśtawka

ljuljačka

Zabawki

igračka

Konsola do gier

konzola za igre

Rowerek trójkołowy

tricikl

Pluszowy miś

plišani medo

Szafa ubraniowa

ormar

Ubiór

odjeća

Skarpety

kratke čarape

Pończochy

čarape

Rajstopy

hulahopke

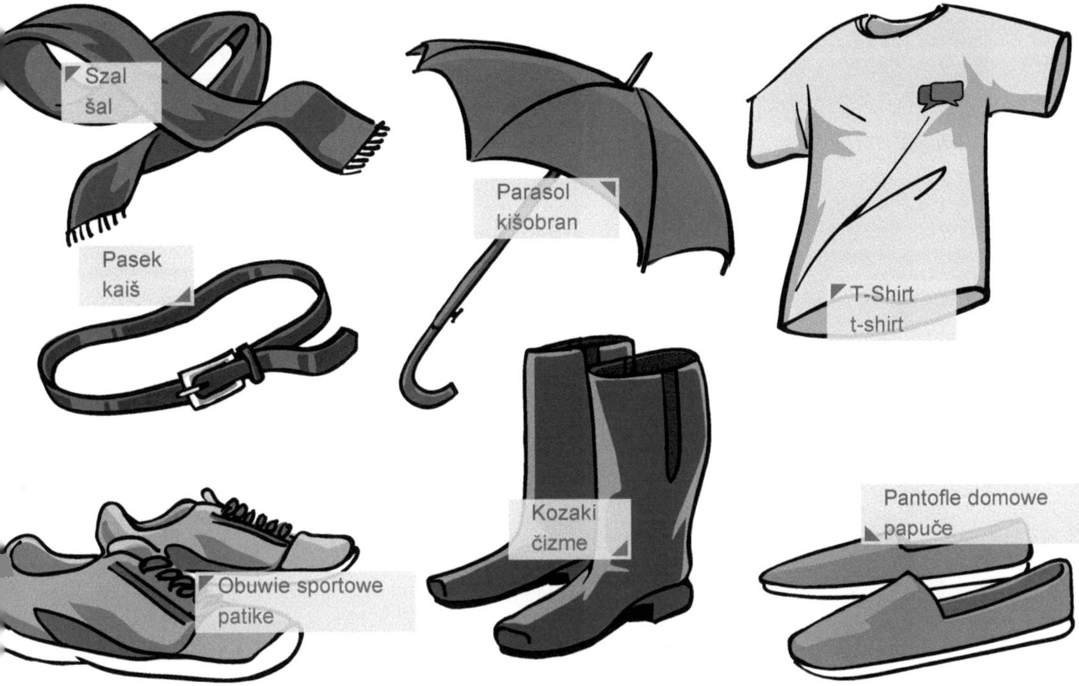

Szal
šal

Parasol
kišobran

Pasek
kaiš

T-Shirt
t-shirt

Kozaki
čizme

Pantofle domowe
papuče

Obuwie sportowe
patike

Sandały
....
sandale

Buty
....
cipele

Kalosze
....
gumene čizme

Majtki
....
gaćice

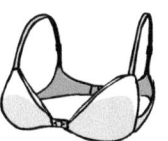

Biustonosz
....
grudnjak

Podkoszulek
....
potkošulja

Body
bodi

Spodnie
hlače

Dżins
džins

Spódnica
haljina

Bluzka
bluza

Koszula
košulja

Pulower
džemper

Bluza sportowa
pulover s kapuljačom

Marynarka
blejzer

Kurtka
jakna

Płaszcz
kaput

Płaszcz przeciwdeszczowy
kabanica

Kostium
kostim

Sukienka
haljina

Suknia ślubna
vjenčanica

Garnitur męski

odijelo

Koszula nocna

spavaćica

Piżama

pidžama

Sari

sari

Chusta na głowę

rubac

Turban

turban

Burka

burka

Kaftan

kaftan

Abaya

abaja

Strój kąpielowy

kupaći kostim

Kąpielówki

kupaće gaćice

Krótkie spodnie

kratke hlače

Dres sportowy

odjeća za trening

Fartuch

pregača

Rękawiczki

rukavice

Guzik

gumb

Okulary

naočale

Bransoletka

narukvica

Łańcuszek

ogrlica

Pierścionek

prsten

Kolczyk

naušnica

Czapka

kapa

Wieszak

vješalica

Kapelusz

šešir

Krawat

kravata

Zamek błyskawiczny

patent zatvarač

Kask

kaciga

Szelki

naramenice

Mundurek szkolny

školska uniforma

Mundur

uniforma

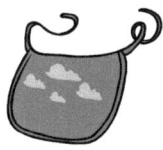

Śliniaczek
podbradak

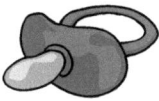

Smoczek
duda

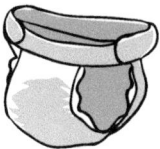

Pieluszka
pelena

Biuro
ured

Serwer
server
Szafa na akta
ormar za spise
Drukarka
pisač
Papier
papir
Monitor
monitor
Mysz
miš
Biurko
pisaći stol
Segregator
mapa
Klawiatura
tipkovnica
Kosz na odpadki
košara za papir
Komputer
računar
Krzesło
stolica

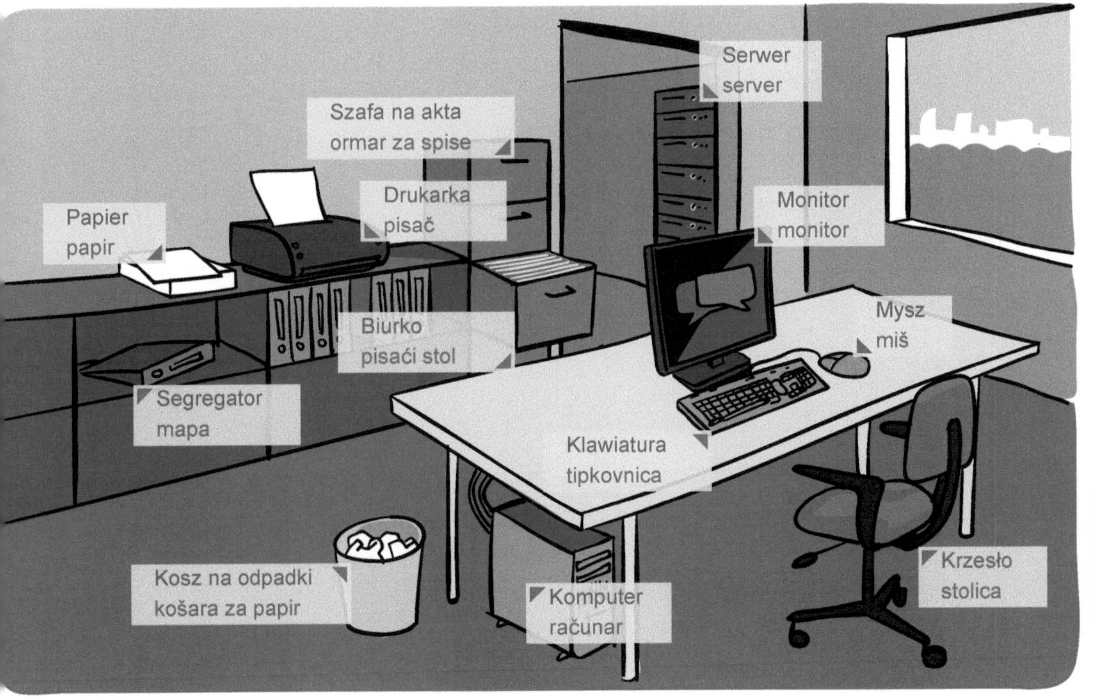

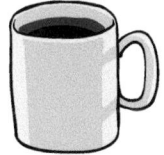

Filiżanka do kawy
šalica za kavu

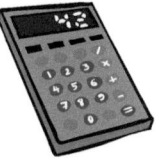

Kalkulator
kalkulator

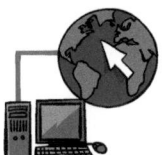

Internet
internet

Laptop

laptop

List

pismo

Wiadomość

poruka

Komórka

mobilni telefon

Sieć

mreža

Kopiarka

uređaj za kopiranje

Oprogramowanie

softver

Telefon

telefon

Gniazdko

utičnica

Faks

faks

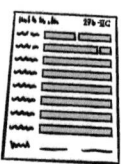

Formularz

obrazac

Dokument

dokument

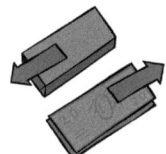

kupić

kupovati

płacić

platiti

postępować

trgovati

Pieniądze

novac

Dolar

dolar

Euro

euro

Jen

jen

Rubel

rubalj

Frank

švicarski franak

Juan Renminbi

renmindbi yuan

Rupia

rupija

Bankomat

automat za novac

Kantor wymiany walut

mjenjačnica

Złoto

zlato

Srebro

srebro

Olej

nafta

Energia

energija

Cena

cijena

Umowa

ugovor

Podatek

porez

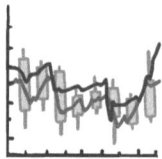

Akcja

dionica

pracować

raditi

Pracownik umysłowy

službenik

Pracodawca

poslodavac

Fabryka

tvornica

Sklep

prodavaonica

Zawody
zanimanja

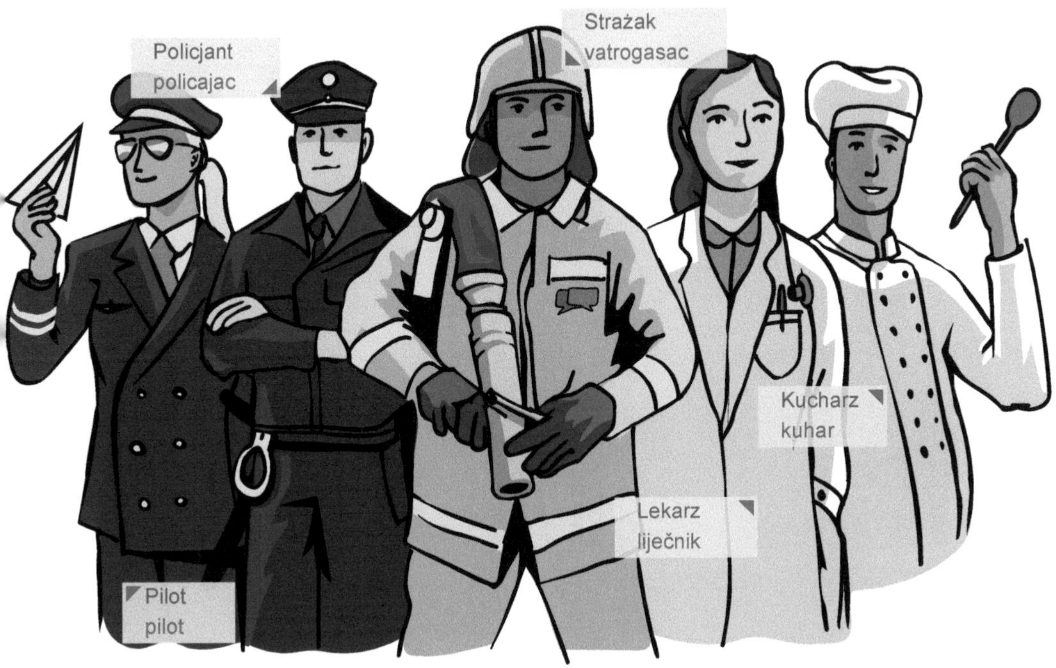
Policjant
policajac
Strażak
vatrogasac
Kucharz
kuhar
Lekarz
liječnik
Pilot
pilot

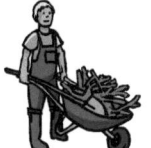

Ogrodnik

vrtlar

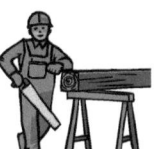

Stolarz

stolar

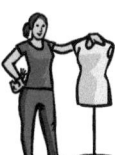

Krawcowa

krojačica

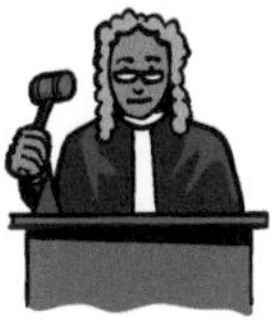

Sędzia

sudija

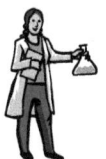

Chemik

kemičar

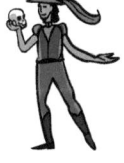

Aktor

glumac

Kierowca autobusu

vozač autobusa

Taksówkarz

vozač taksija

Fischer

ribar

Sprzątaczka

čistačica

Dekarz

krovopokrivač

Kelner

konobar

Myśliwy

lovac

Malarz

slikar

Piekarz

pekar

Elektryk

električar

Robotnik budowlany

građevinski radnik

Inżynier

inženjer

Rzeźnik

mesar

Instalator

limar

Listonosz

poštar

Żołnierz

vojnik

Architekt

arhitekta

Kasjer

blagajnik

Florysta

cvjećar

Fryzjer

frizer

Konduktor

kondukter

Mechanik

mehaničar

Kapitan

kapetan

Dentysta

zubar

Naukowiec

znanstvenik

Rabin

rabi

Imam

imam

Mnich

monah

Proboszcz

svećenik

Narzędzia

alati

Szczypce
kliješta
Młotek
čekić
Wkrętak
odvijač
Latarka
džepna svjetiljka
Klucz do śrub
ključ za vijke

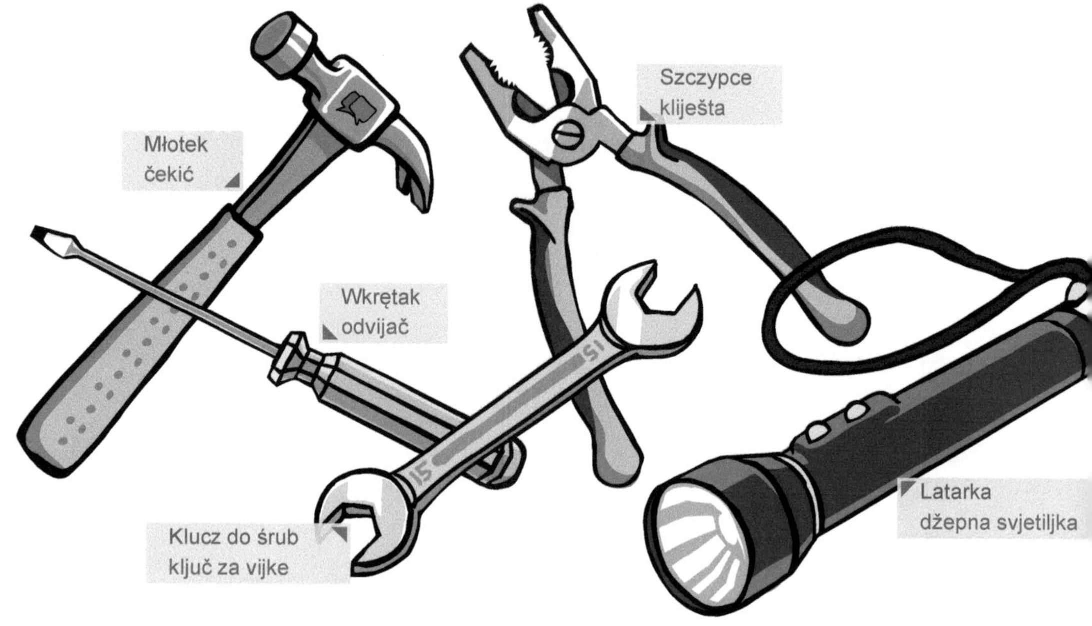

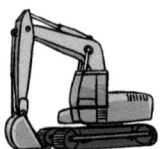

Koparka

rovokopač

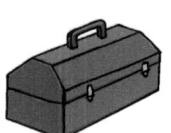

Skrzynka narzędziowa

kutija za alat

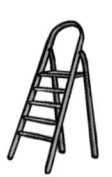

Drabina

ljestve

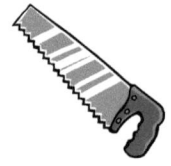

Piła

pila

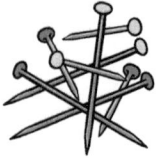

Gwoździe

ekser

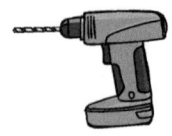

Wiertło

bušilica

naprawić
....
popraviti

Łopatka
....
lopata

Cholera!
....
Sranje!

Szufelka
....
lopatica

Puszka z farbą
....
lonac za boju

Śruby
....
vijci

Instrumenty muzyczne
glazbeni instrument

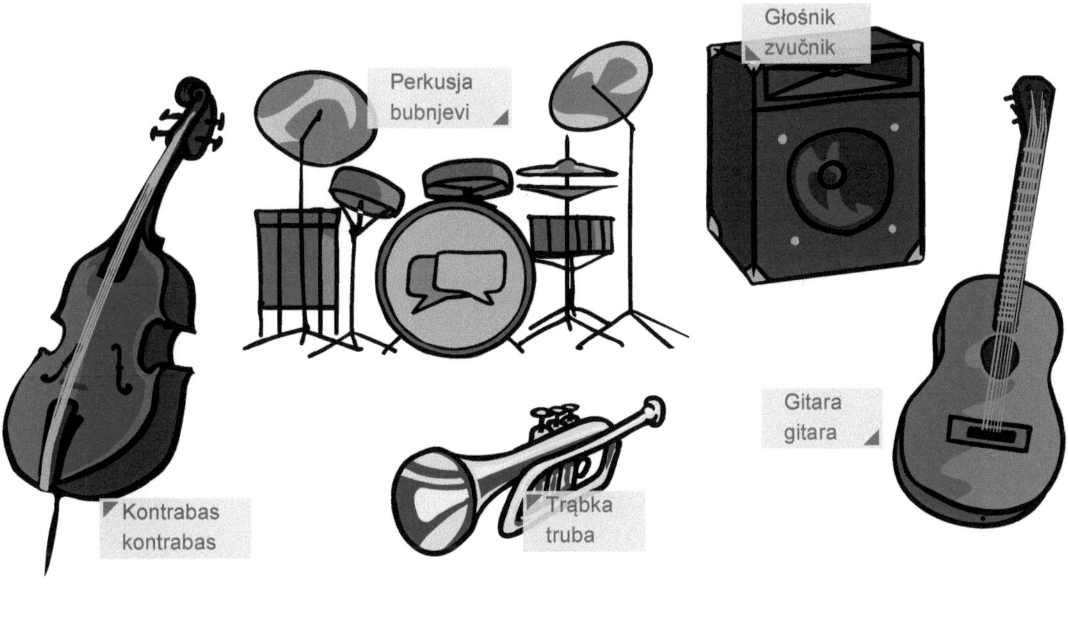

Głośnik
zvučnik

Perkusja
bubnjevi

Gitara
gitara

Kontrabas
kontrabas

Trąbka
truba

Pianino

klavir

Skrzypce

violina

Bas

bas

Kotły

timpani

Bęben

udaraljke za bubnjeve

Keyboard

keyboard

Saksofon

saksofon

Flet

flauta

Mikrofon

mikrofon

Zoo

zoološki vrt

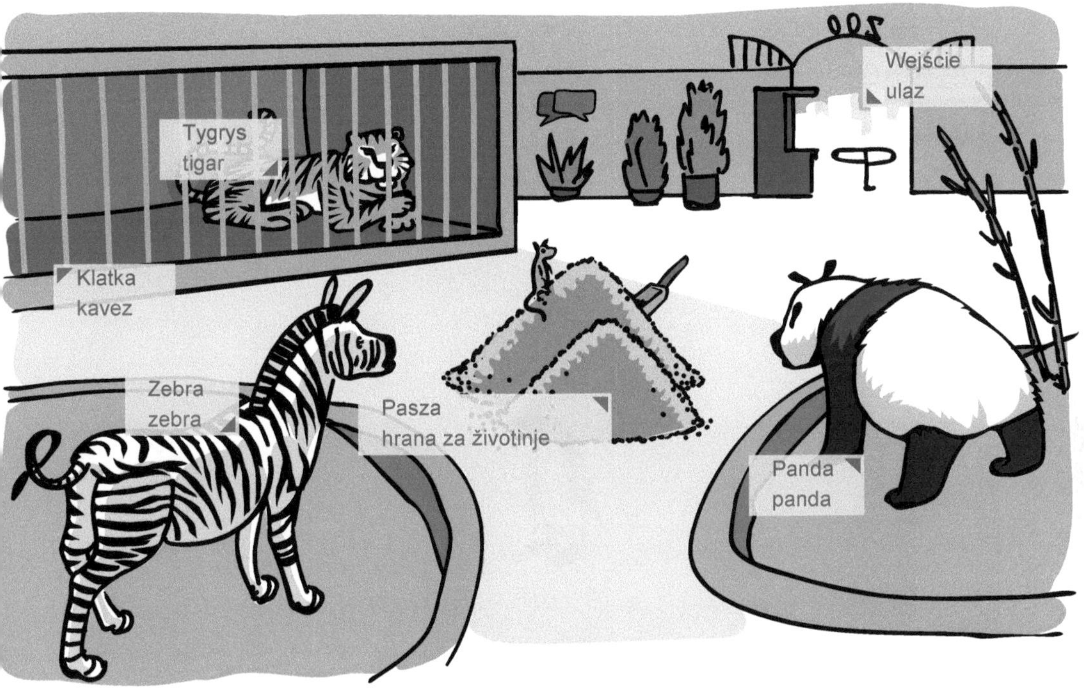

Wejście
ulaz
Tygrys
tigar
Klatka
kavez
Zebra
zebra
Pasza
hrana za životinje
Panda
panda

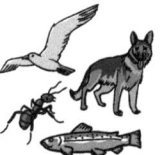

Zwierzęta
....
životinje

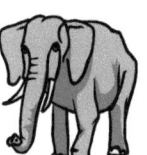

Słoń
....
slon

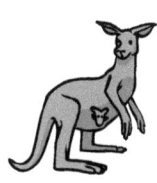

Kangur
....
kengur

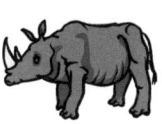

Nosorożec
....
nosorog

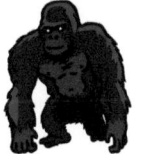

Goryl
....
gorila

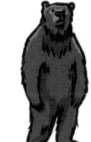

Niedźwiedź
....
medvjed

Wielbłąd

kamila

Struś

noj

Lew

lav

Małpa

majmun

Fleming

flamingo

Papuga

papagaj

Niedźwiedź polarny

polarni medvjed

Pingwin

pingvin

Rekin

ajkula

Paw

paun

Wąż

zmija

Krokodyl

krokodil

Dozorca w zoo

čuvar u zoološkom vrtu

Foka

tuljan

Jaguar

jaguar

Zoo - zoološki vrt

Kucyk

poni

Gepard

leopard

Hipopotam

nilski konj

Żyrafa

żirafa

Orzeł

orao

Dzik

divlja svinja

Ryba

riba

Żółw

kornjača

Mors

morž

Lis

lisica

Gazela

gazela

Futbol amerykański
američki nogomet

Kolarstwo
biciklizam

Tenis
tenis

Koszykówka
košarka

Pływanie
plivanje

Boks
boks

Hokej na lodzie
hockey na ledu

Piłka nożna
nogomet

Badminton
badminton

Lekka atletyka
atletika

Piłka ręczna
rukomet

Narciarstwo
skijanje

Polo
polo

śmiać się
smijati se

skakać
skočiti

objąć
zagrliti

śpiewać
pjevati

iść
ići

modlić się
moliti se

całować
poljubiti

marzyć
sanjati

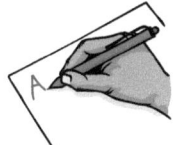

pisać
pisati

rysować
crtati

pokazywać
pokazati

nacisnąć
gurati

dać
dati

wziąć
uzeti

mieć
imati

robić
činiti

być
biti

stać
stojati

biegać
trčati

ciągnąć
povlačiti

rzucać
baciti

spaść
padati

leżeć
ležati

czekać
čekati

nosić
nositi

siedzieć
sjediti

zakładać
oblačiti

spać
spavati

budzić się
probuditi se

spojrzeć

gledati

płakać

plakati

głaskać

milovati

czesać się

češljati

mówić

govoriti

rozumieć

razumjeti

pytać

pitati

słyszeć

slušati

pić

piti

jeść

jesti

sprzątać

pospremiti

kochać

voljeti

gotować

kuhati

jechać

voziti

latać

letjeti

żeglować

ploviti

liczyć

računati

czytać

čitati

uczyć się

učiti

pracować

raditi

wejść w związek małżeński

vjenčati se

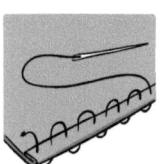

szyć

šiti

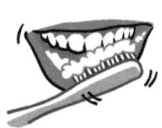

myć zęby

prati zube

zabić

ubiti

palić tytoń

pušiti

wysłać

poslati

Rodzina
obitelj

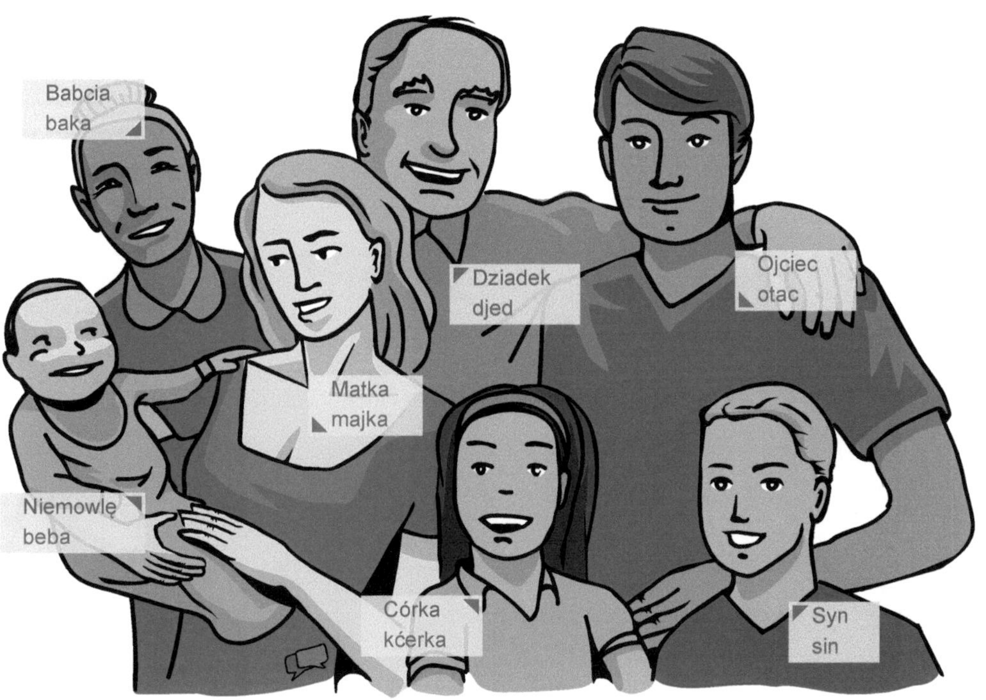
Babcia
baka
Dziadek
djed
Ojciec
otac
Matka
majka
Niemowlę
beba
Córka
kćerka
Syn
sin

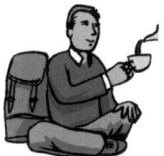

Gość
gost

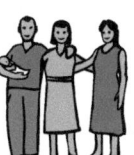

Ciotka
tetka

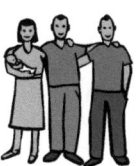

Wujek
ujak, stric

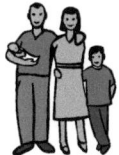

Brat
brat

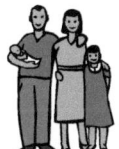

Siostra
sestra

Ciało
tijelo

Czoło
čelo
Oko
oko
Ramię
rame
Palec
prst
Twarz
lice
Broda
brada
Ręka
ruka
Noga
noga
Pierś
grudi
Ramię
ruka

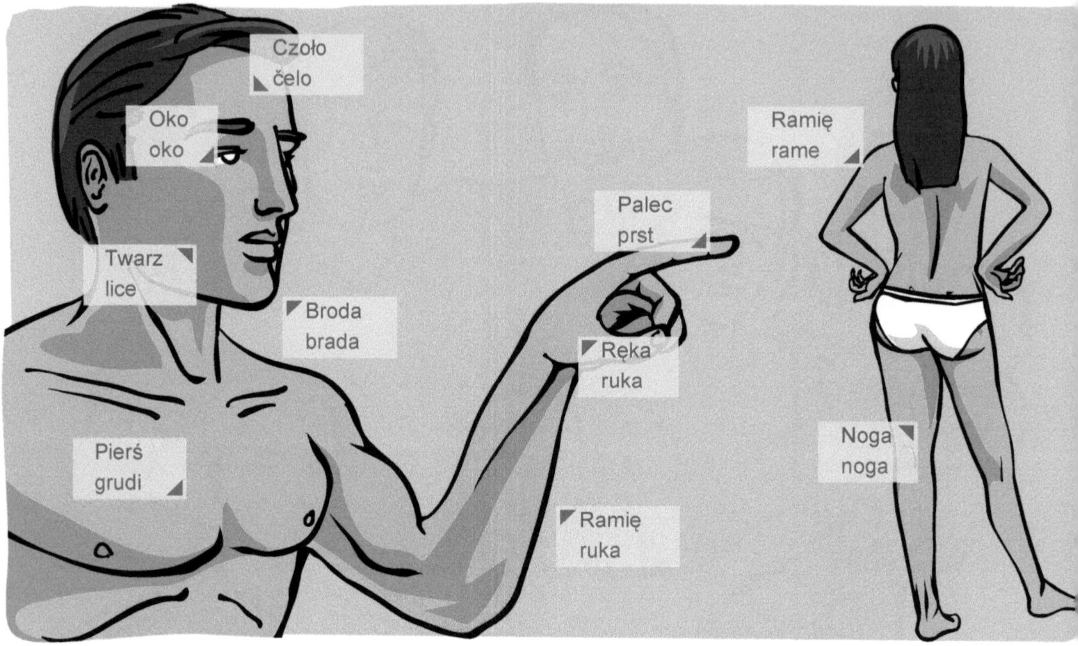

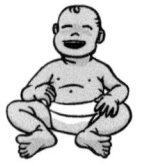

Niemowlę
beba

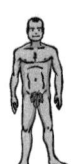

Mężczyzna
muškarac

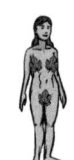

Kobieta
žena

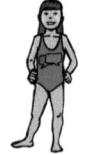

Dziewczyna
djevojčica

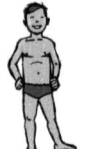

Chłopiec
dječak

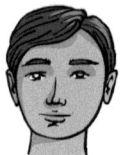

Głowa
glava

Plecy

leđa

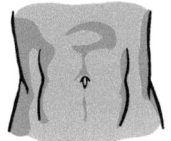

Brzuch

trbuh

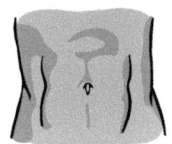

Pępek

pupak

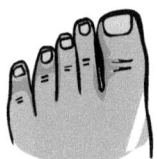

palec nogi

nożni prst

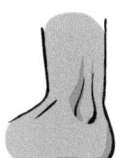

Pięta

peta

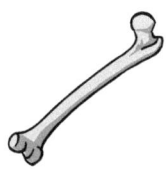

Kość

kost

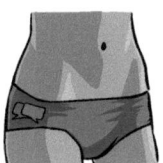

Biodro

kuk

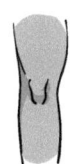

Kolano

koljeno

Łokieć

lakat

Nos

nos

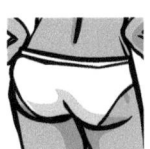

Pośladki

stražnjica

Skóra

koža

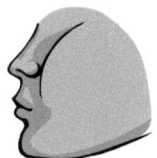

Policzek

obraz

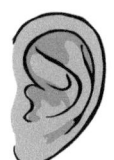

Uszy

uho

Warga

usna

Usta

usta

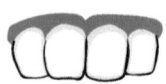

Ząb

zub

Język

jezik

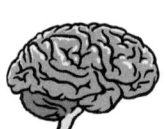

Mózg

mozak

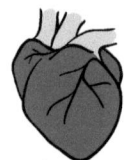

Serce

srce

Mięsień

mišić

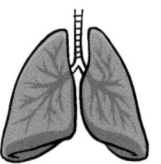

Płuca

pluća

Wątroba

jetra

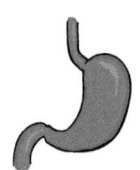

Żołądek

želudac

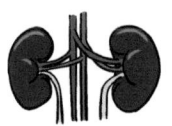

Nerki

bubrezi

Stosunek płciowy

snošaj

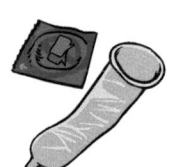

Kondom

kondom

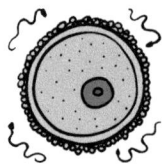

Komórka jajowa

jajna stanica

Sperma

sperma

Ciąża

trudnoća

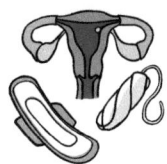

Menstruacja

menstruacija

Wagina

vagina

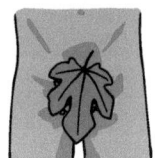

Penis

penis

Brew

obrva

Włosy

kosa

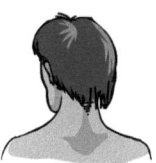

Szyja

vrat

Szpital
bolnica

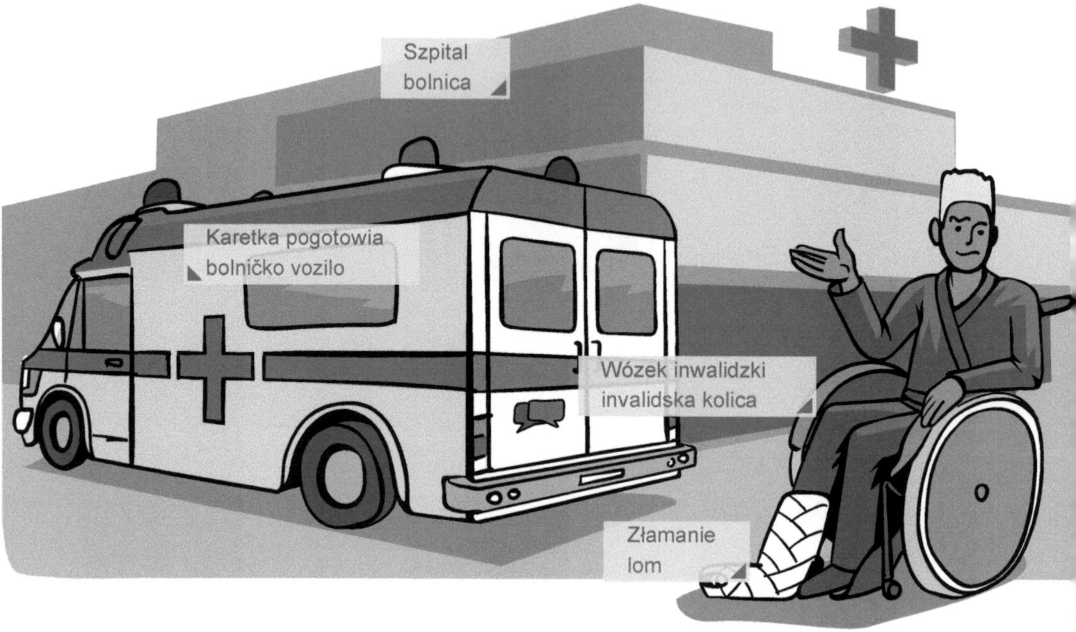

Szpital
bolnica
Karetka pogotowia
bolničko vozilo
Wózek inwalidzki
invalidska kolica
Złamanie
lom

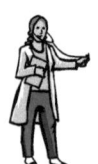

Lekarz

lječnik

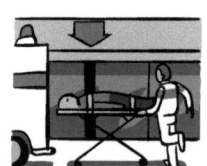

Izba przyjęć

hitna medicinska služba

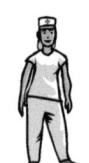

Pielęgniarka

medicinska sestra

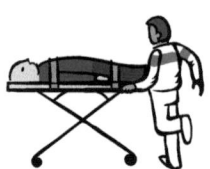

Nagły przypadek

hitni slučaj

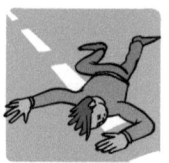

nieprzytomny

nesvijest

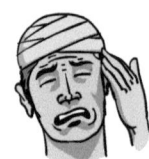

Ból

bol

Skaleczenie

ozljeda

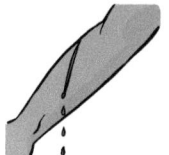

Krwawienie

krvarenje

Zawał serca

srćani infarkt

Udar mózgu

moždani udar

Alergia

alergija

Kaszleć

kašalj

Gorączka

groznica

Grypa

gripa

Biegunka

proljev

Ból głowy

glavobolja

Rak

rak

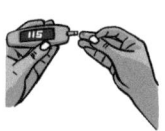

Cukrzyca

dijabetes

Chirurg

kirurg

Skalpel

skalpel

Operacja

operacija

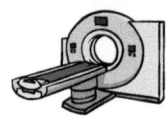

CT

ct

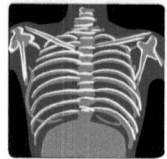

Rentgen

rentgen

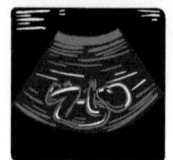

Ultradźwięki

ultrazvuk

Maska

maska

Choroba

bolest

Poczekalnia

čekaonica

Kula

štaka

Plaster

flaster

Opatrunek

zavoj

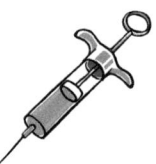

Iniekcja

injekcija

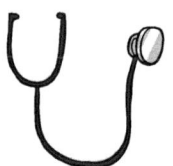

Stetoskop

stetoskop

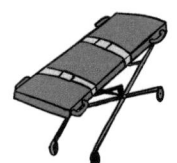

Nosze

nosilo

Termometr

termometar

Poród

rođenje

Nadwaga

prekomjerna težina

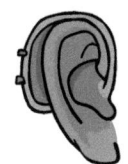

Aparat słuchowy

slušni aparat

Środek dezynfekcyjny

sredstvo za dezinfekciju

Infekcja

infekcija

Wirus

virus

HIV / AIDS

hiv / sida

Medycyna

medicina

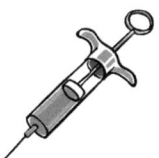

Szczepienie

vakcinacija

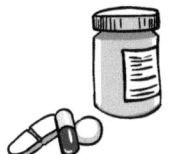

Tabletki

tablete

Pigułka

pilula

Telefon ratunkowy

poziv u pomoć

Ciśnieniomierz krwi

uređaj za mjerenje tlaka

chory / zdrowy

bolesno / zdravo

Pomocy!

pomoć!

Alarm

alarm

Napad

nasrtaj

Atak

napad

Niebezpieczeństwo

opasnost

Wyjście awaryjne

izlaz za nuždu

Pożar!

pożar!

Gaśnica

vatrogasni aparat

Wypadek

nezgoda

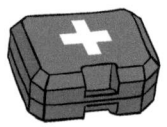

Walizeczka pierwszej pomocy
kofer prve pomoći

SOS

sos

Policja

policija

Europa

Europa

Ameryka Północna

sjeverna amerika

Ameryka Południowa

južna amerika

Afryka

Afrika

Azja

Azija

Australia

Australija

Atlantyk

Atlantik

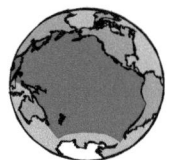

Pacyfik

Pacifik

Ocean Indyjski

ocean

Ocean Antarktyczny

antarktički ocean

Ocean Arktyczny

arktički ocean

Biegun północny

sjeverni pol

Biegun południowy

južni pol

Antarktyda

Antarktik

Ziemia

zemlja

Kraj

zemlja

Morze

more

Wyspa

otok

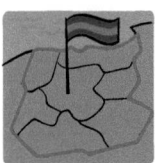

Naród

nacija

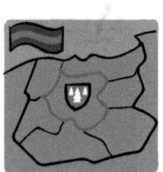

Państwo

država

Cyferblat

brojčanik sata

Wskazówka godzinowa

satna kazaljka

Wskazówka minutowa

minutna kazaljka

Wskazówka sekundowa

sekundna kazaljka

Która godzina?

Koliko je sati?

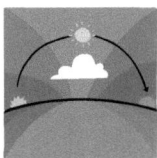

Dzień

dan

Czas

vrijeme

teraz

sada

Zegarek digitalny

digitalni sat

Minuta

minuta

Godzina

sat

Tydzień
tjedan

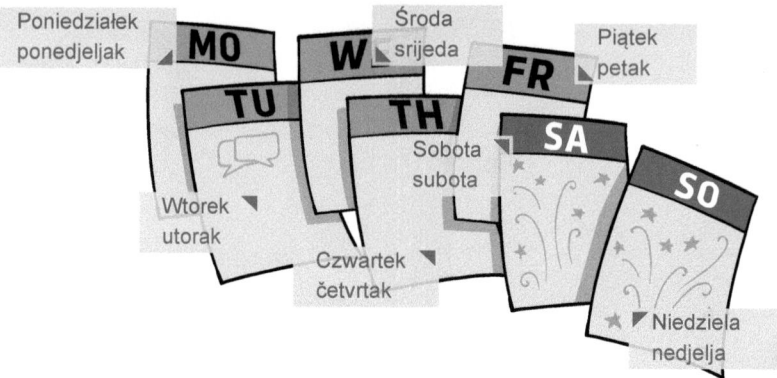

Poniedziałek
ponedjeljak

MO

W Środa
srijeda

FR Piątek
petak

TU

TH

Sobota
subota

SA

Wtorek
utorak

SO

Czwartek
četvrtak

Niedziela
nedjelja

wczoraj

jučer

dzisiaj

danas

jutro

sutra

Rano

jutro

Południe

podne

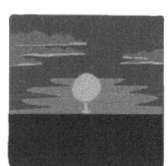

Wieczór

večer

Dni robocze

radni dani

Weekend

vikend

Rok
godina

Deszcz
kiša
Tęcza
duga
Wiatr
vjetar
Śnieg
snijeg
Wiosna
proljeće
Lato
ljeto
Jesień
jesen
Zima
zima

4.APRIL 11°
5.APRIL 4°
6.APRIL 13°
7.APRIL 8°
8.APRIL 10°

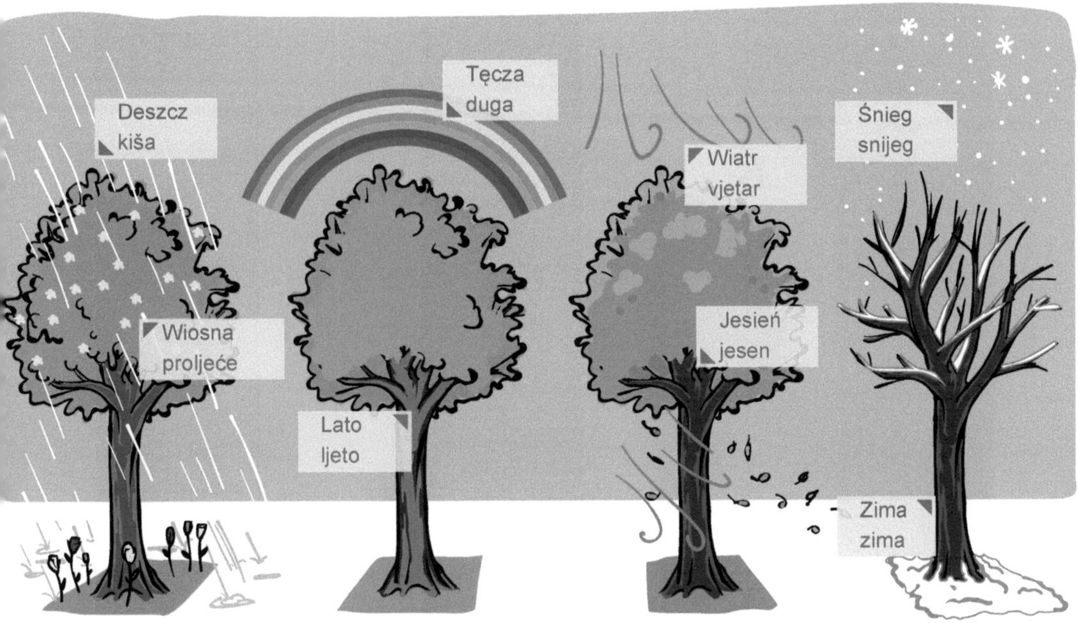

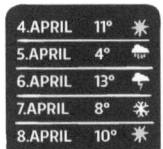

Prognoza pogody

meteorološka prognoza

F C
120 40
90 30
60 20
30 10
0 0
-30 -10
-20

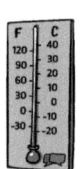

Termometr

termometar

Światło słoneczne

sunčana svjetlost

Chmura

oblak

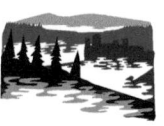

Mgła

magla

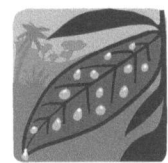

Wilgotność powietrza

vlažnost zraka

Błyskawica

munja

Grzmot

grmljavina

Sztorm

oluja

Grad

tuča

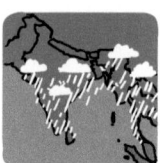

Monsun

monsun

Potop

poplava

Lód

led

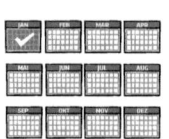

Styczeń

siječanj

Luty

veljača

Marzec

ožujak

Kwiecień

travanj

Maj

svibanj

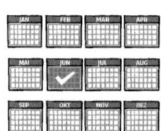

Czerwiec

lipanj

Lipiec

srpanj

Sierpień

kolovoz

Wrzesień
....
rujan

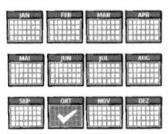

Październik
....
listopad

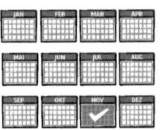

Listopad
....
studeni

Grudzień
....
prosinac

Kształty
oblici

Koło
....
krug

Kwadrat
....
kvadrat

Prostokąt
....
pravokutnik

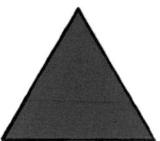

Trójkąt
....
trokut

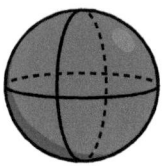

Kula
....
kugla

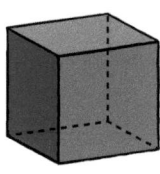

Sześcian
....
kocka

Kolory

boje

biały
....
bijela

żółty
....
žuta

pomarańczowy
....
narančasta

różowy
....
ružičasta

czerwony
....
crvena

liliowy
....
ljubičasta

niebieski
....
plava

zielony
....
zelena

brązowy
....
smeđa

szary
....
siva

czarny
....
crna

dużo / mało
....
mnogo / malo

wściekły / spokojny
....
ljutito / mirno

piękny / brzydki
....
lijepo / ružno

początek / koniec
....
početak / kraj

duży / mały
....
veliko / maleno

jasny / ciemny
....
svijetlo / tamno

brat / siostra
....
brat / sestra

czysty / brudny
....
čisto / prljavo

kompletny / niekompletny
....
potpuno / nepotpuno

dzień / noc
....
dan / noć

umarły / żywy
....
mrtvo / živo

szeroki / wąski
....
široko / usko

jadalny / niejadalny

jestivo / nejestivo

zły / uprzejmy

zlo / dobro

podniecony / znudzony

uzbuđeno / dosadno

gruby / chudy

debelo / mršavo

najpierw / na końcu

na početku / na kraju

przyjaciel / wróg

prijatelj / neprijatelj

pełen / pusty

puno / prazno

twardy / miękki

tvrdo / mekano

ciężki / lekki

teško / lagano

głód / pragnienie

glad / žeđ

chory / zdrowy

bolesno / zdravo

nielegalny / legalny

ilegalno / legalno

inteligentny / głupi

pametno / glupo

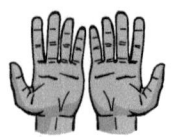

lewo / prawo

lijevo / desno

bliski / daleki

blizu / daleko

nowy / używany
....
novo / rabljeno

nic / coś
....
ništa / nešto

stary / młody
....
staro / mlado

włącz / wyłącz
....
uključeno / isključeno

otwarty / zamknięty
....
otvoreno / zatvoreno

cichy / głośny
....
tiho / glasno

bogaty / biedny
....
bogato / siromašno

prawidłowy / błędny
....
točno / pogrešno

chropowaty / gładki
....
hrapavo / glatko

smutny / szczęśliwy
....
tužno / sretno

krótki / długi
....
kratko / dugo

powolny / szybki
....
polako / brzo

mokry/suchy
....
mokro / suho

ciepły / chłodny
....
toplo / hladno

wojna / pokój
....
rat / mir

Przeciwieństwa - suprotnosti

0	**1**	**2**
zero	jeden	dwa
nula	jedan	dva
3	**4**	**5**
trzy	cztery	pięć
tri	četiri	pet
6	**7**	**8**
sześć	siedem	osiem
šest	sedam	osam
9	**10**	**11**
dziewięć	dziesięć	jedenaście
devet	deset	jedanaest

12

dwanaście

dvanaest

13

trzynaście

trinaest

14

czternaście

četrnaest

15

piętnaście

petnaest

16

szesnaście

šestnaest

17

siedemnaście

sedamnaest

18

osiemnaście

osamnaest

19

dziewiętnaście

devetnaest

20

dwadzieścia

dvadeset

100

sto

stotinu

1.000

tysiąc

tisuću

1.000.000

milion

milijun

Angielski

engleski

Angielski amerykański

američko engleski

Chiński mandaryński

kinesko mandarinski

Hindi

hindi

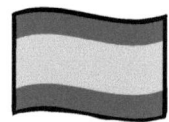

Hiszpański

španjolski

Francuski

francuski

Arabski

arapski

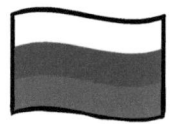

Rosyjski

ruski

Portugalski

portugalski

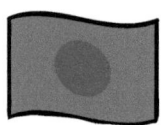

Bengalski

bengalski

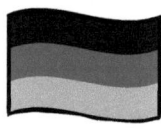

Niemiecki

njemački

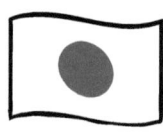

Japoński

japanski

ja
ja

ty
ti

on / ona / ono
on / ona / ono

my
mi

wy
vi

oni
oni

kto?
tko?

co?
što?

jak?
kako?

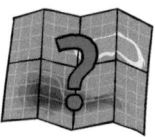

gdzie?
gdje?

kiedy?
kada?

Nazwisko
ime

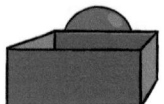

za
....
iza

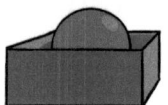

w
....
u

przed
....
ispred

powyżej
....
preko

na
....
na

pod
....
ispod

obok
....
pored

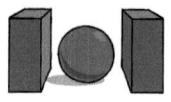

między
....
između

Miejsce
....
mjesto